JARDIN
DE
MONCEAU,
PRÈS DE PARIS,
APPARTENANT
A SON ALTESSE SÉRÉNISSIME
MONSEIGNEUR
LE DUC DE CHARTRES.

A PARIS,

Chez M. DELAFOSSE, Graveur, rue du Carrousel, près des Tuileries;
MM. NÉE & MASQUELIER, Graveurs, rue des Francs - Bourgeois, vis - à - vis de la rue de Vaugirard;
Et chez tous les Marchands d'Estampes.

M. DCC. LXXIX.

AVERTISSEMENT.

ON n'a pas la prétention d'offrir ici une théorie, ni des préceptes; ce feroit un ridicule; connoiffant l'Ouvrage publié en Angleterre, par Sir Thomas Wathely, *fous le titre modefte d'*Obfervations fur l'Art de former les Jardins modernes. *Ce Livre contient les véritables éléments de ces fortes de Jardins. D'autres ouvrages dans ce genre, faits par des Amateurs François, font agréables & utiles; mais il en eft un, peu connu, rempli de goût & d'imagination, qu'on doit bien regretter que l'Auteur* (1) *n'ait pas fait imprimer.*

Le Jardin de Monceau n'eft donc pas un modele qu'on propofe de fuivre. Le but de la perfection eft fi éloigné, qu'il faut étudier & pratiquer long-temps avant feulement d'ofer efpérer d'y atteindre.

On a cru pouvoir fe permettre ici quelques réflexions fur les Jardins nouveaux, & obferver que nos fortunes, nos mœurs, nos goûts, notre climat, étant différents de ceux des Anglois, nos Jardins ne doivent pas être une imitation fervile des leurs; mais être compofés en raifon de ces différences.

(1) *M. le D. D'h.....*

JARDIN
DE
MONCEAU.

CHAPITRE PREMIER.

LE but des Arts, dans les grandes choses, est de forcer l'ame à l'admiration, de l'entraîner de l'enchaîner & de la dominer par le pouvoir que le vrai beau a toujours droit d'exercer sur elles. Dans celles qui ne sont qu'agréables, il faut continuellement l'émouvoir, l'intéresser, l'amuser, par le charme des images, puisqu'elle ne peut s'en passer; mais tout le monde est-il sensible aux productions des Arts? Sans les pratiquer, a-t-on ce goût sûr & développé, si nécessaire pour les bien apprécier? Il faudroit pour cela causer souvent avec les Artistes; eux seuls font connoître combien il est ridicule de juger sur parole, & qu'avec une étude constante & réfléchie, on peut se mettre en état de juger par soi-même. Il faut donc, pour bien sentir, acquérir le talent de bien voir.

On a des Maîtres pour apprendre à parler, à danser, à chanter, &c. & l'on ne pense pas à apprendre à voir. De combien de plaisirs est-on privé, en négligeant cette science! C'est avec les Peintres qu'on peut l'acquérir. Parcourez avec eux la nature, ils vous arrêtent à chaque pas pour vous en faire observer les beautés. Ils portent la lumiere sur tout ce que vous voyez, ils vous font appercevoir les dégradations de la perspective linéaire & aérienne, ils vous dévoilent l'espace; ils vous font connoître la diversité des tons de couleurs, leurs rapports & leur harmonie. Sans ces connoissances, on ne voit que le squelette de la nature; aussi les ignorants & les enfants veulent toucher à tout ce qu'ils voient, & c'est au bout de leurs doigts que sont leurs yeux.

Pour l'homme qui sait voir, tout est spectacle dans la nature, & le moindre objet détaillé devient pour lui une source de réflexions.

On embarrasseroit bien des gens parmi ceux qui se piquent d'aimer la campagne, si on les forçoit de détailler ce qui la leur fait aimer. Ils seroient peut-être réduits à répéter les descriptions poétiques qu'ils en ont lues, & qu'ils n'ont jamais comparées avec la nature. Cependant ils prétendent jouir de tous ses charmes. Eh! quels sont les charmes de la campagne que l'on cite en France? L'air pur & la liberté; & l'on n'y jouit presque jamais ni de l'un ni de l'autre. Mais cela nous suffiroit-il? Nous y en trouverions peu, sans ceux de la société; c'est là que nous en jouissons réellement, où l'on se connoît plus, en peu de temps, qu'on n'auroit fait pendant l'hiver, en ayant soupé tous les jours ensemble. Un François ne se suffit point à lui-même; le desir de plaire, d'aimer & d'être aimé, font des besoins pour lui; il ne sépare jamais son existence de celle des autres, quelque bonne opinion qu'il ait de lui. C'est donc à la campagne qu'on goûte mieux la douceur d'être ensemble, que l'on se connoît davantage, qu'on se choisit, & où se forment ces liaisons qui y renouvellent sans cesse les plaisirs; les talents s'y développent; & si, dans une contrée, il se trouve plusieurs maisons qui ont les mêmes goûts, lorsqu'elles se réunissent, sans de grands préparatifs, tout y devient fête.

Il nous faut des plaisirs à la campagne. Malgré les charmes que la nature peut y offrir, il faut que nous y trouvions la bonne chere, la chasse, le jeu, les concerts, les spectacles; voilà ce qu'on y desire & ce qu'on y vante. On n'en bannit pas pour cela les conversations philosophiques; mais notre philosophie, à nous, n'y est point austere, sombre & sauvage. Au lieu de s'éviter pour aller rêver, on se recherche pour causer; on est trop loin d'y vouloir alimenter la mélancolie; on y parle politique, mais personne ne croit gouverner. On s'occupe de plaire aux femmes; ce sont elles qui font les délices de la société; aussi, loin de les abandonner à elles-mêmes, comme font les Anglois, nous ne faisons que ce qui leur convient; mais il est difficile de les déterminer à se promener, & il est toujours tard quand elles sortent: alors les objets, privés d'une lumiere vive, ayant moins d'éclat, ont moins de charmes, & l'humidité des bois, & celle des prairies, ainsi que la persécution des insectes, ramenent les promeneurs sur les grands chemins. Voilà comme on jouit des charmes de la nature; c'est-à-dire qu'on n'y a seulement pas pensé; mais qu'importe? on a causé, on a ri, on a été gai.

Si l'on prend quelquefois la résolution de voir les environs du lieu que l'on habite, alors toute la compagnie se met en chemin, & ceux qui la composent montent sur les hauteurs; ils comptent les clochers & n'estiment la vue que par l'éloignement des objets qu'ils apperçoivent. La dégradation de ceux qui sont près d'eux, avec ceux qui en sont les plus éloignés, ne les intéresse pas; ils courent tous après la lunette d'approche, pour avoir le plaisir de débrouiller ce qui est dans les vapeurs de l'air, & se disputer sur les formes & sur les noms des objets. Ce qu'ils appellent une belle vue, n'est qu'un horizon dont ils ne voient que les points qui le terminent; & si l'on veut leur détailler ce qui peut produire un beau tableau, ils sont étonnés qu'on veuille le leur apprendre, ils ne vous écoutent pas, ou sont distraits; cependant, sans en savoir davantage, ils n'en jugent pas moins, quand l'occasion se présente, & l'ouvrage & l'Artiste; parce que c'est l'usage, & que celui qui est le moins instruit, est toujours celui qui juge & décide avec le plus de confiance.

L'habitude de voir les mêmes objets en fait souvent ignorer la valeur. Combien de gens se sont promenés long-temps aux Tuileries sans se douter de la beauté de ce Jardin! Et combien d'autres ont traversé le Louvre, sans savoir que son Péristile est un des plus beaux monuments d'Architecture qui soit en Europe, pendant que tous les Etrangers sont frappés de sa grandeur & de sa magnificence!

Il ne suffit donc pas, pour parvenir à fixer l'attention, de représenter des objets connus, il faut aussi employer des moyens neufs, variés, imprévus; & quand on est assez heureux pour que celui à qui appartient le Jardin, vous en fasse une loi, & refuse d'y voir constamment ce qu'on trouve dans tous les autres, cette loi fait chercher des idées neuves, les fait combiner & les multiplie.

Si l'on peut faire d'un Jardin pittoresque un pays d'illusions, pourquoi s'y refuser? On ne s'amuse que d'illusions; si la liberté les guide, que l'Art les dirige, & l'on ne s'éloignera jamais de la nature. La nature est variée suivant les climats; essayons, par des moyens illusoires, de varier aussi les climats, ou plutôt de faire oublier celui où nous sommes; transportons, dans nos Jardins, les changements de Scene des Opéra; faisons-y voir, en réalité, ce que les plus habiles Peintres pourroient y offrir en décorations, *tous les temps & tous les lieux*. Qu'il soit permis d'éviter cette froide monotonie, produite par des préceptes prétendus séveres, qui contraignent l'imagination. Puisqu'il faut tout créer, usons de cette liberté pour plaire, pour amuser & pour intéresser. C'étoit ce que comptoient trouver, dans le Jardin de Monceau, ceux qui venoient le voir; puisqu'ils disoient, quand il y avoit peu de choses, *j'aimerois autant me promener dans la campagne*. On s'attendoit donc à y trouver ce qu'on ne voit pas ordinairement ailleurs. Lorsqu'on ne compte pas rencontrer, dans ce qui appartient aux Princes, les plus grands efforts de l'Art, on espere y voir au moins des choses peu communes; & cependant on y blâme souvent ce qu'on y desire, la nouveauté.

Parce que les rivieres sont factices dans le Jardin de Monceau, on a trouvé qu'il y avoit trop d'eau dans les prairies: on vouloit que les barrieres des ponts fussent blanches; parce qu'elles le sont en Angleterre, est-ce une autorité? Toutes celles d'Allemagne sont blanches, rouges & noires; il faudroit donc peindre celles de nos Jardins de même, si les Allemands avoient des Jardins qui fussent à la mode. Il y a, en Angleterre, un Château bâti en pierres noires, dont tous les joints sont blancs. Cela

seroit-il

seroit-il agréable à imiter ? Il faut de l'harmonie dans les Jardins, & le jaune & le rouge conviennent mieux avec la verdure des différents arbres.

Dans les climats plus chauds que le nôtre, la pierre prend des tons rouges, jaunes, verds & violâtres ; & ces tons, qui ont de la chaleur, s'accordent toujours mieux avec ceux des verds du paysage, que ceux de nos pierres, qui à la campagne, restent constamment blanches. En Allemagne, on peint toutes les maisons en ornements & en figures : celles des Villages de Flandre, sont bâties en pierres grises & en briques, & les maisons apperçues à travers les feuillages des arbres, produisent l'effet le plus riant & le plus agréable.

En construisant le Château & les Pavillons de Marly, qui sont au milieu des Jardins, on n'a pas manqué de les peindre en marbre, pour les lier davantage avec la verdure, & je crois qu'on peut s'en rapporter aux Ordonnateurs de ces Jardins charmants. L'ancien Trianon a toujours eu l'air d'un Palais de Fées ; voilà des modeles de Bâtiments pour des Jardins de plaisance. Qu'on se rappelle un moment combien, en rentrant en France, les maisons blanches de nos Villages, rendent nos campagnes tristes à voir, & combien elles aident à les déparer, sur-tout après les moissons.

Si les brouillards, en Angleterre, entretiennent la fraîcheur des gazons, pourquoi vouloir inutilement en avoir de pareils en France ? C'est une des principales beautés des Jardins Anglois ; mais elle ne s'acquiert pas sans une grande dépense, & sans les plus grands soins. Croit-on qu'un François puisse s'en occuper continuellement ? C'est un beau tapis de drap verd, qui mérite le plus grand éloge par sa perfection ; cependant les Poëtes ne trouveront jamais les mêmes charmes à chanter ces gazons, qu'à chanter nos prairies émaillées de fleurs ; & en effet, cela peut-il se comparer ? Y a-t-il rien de plus agréable, de plus riant & de plus riche ? Il faut, dans les Jardins pittoresques, des négligences heureuses, qui n'appartiennent qu'au goût ; d'ailleurs un verd trop immense, & du même ton, attristeroit trop notre ame, qui ne desire que des impressions douces, vives & gaies. Ne croyons donc pas qu'il nous faille des Jardins de penseurs. Si nous avons eu le desir d'imiter les Jardins Anglois, ce n'étoit que pour sortir de la monotonie des nôtres, & nos nouveaux Jardins ne seront pas toujours mal faits, parce qu'ils ne ressembleront pas servilement à ceux des Anglois. Nous aimons cette heureuse liberté qui produit des effets neufs & piquants ; enfin nous avons nos idées, nos goûts, nos usages ; s'ils tiennent à notre climat, on s'efforcera vainement de nous faire adopter ceux de nos voisins ; quand nous nous écarterons de nos anciens principes, nous en aurons de nouveaux & qui n'appartiendront qu'à nous : on détourne bien les eaux d'une source, mais on ne change point leur qualité.

On dit qu'un Jardin peut être un pays, mais on ne crée pas un pays ; on peut l'embellir avec beaucoup de talent & de goût, comme a fait le Seigneur d'Ermenonville, qui a vu en grand, qui a bien choisi sa situation, & qui a fait, dans ce genre, un Jardin, unique en France. D'ailleurs il faut savoir, comme lui, passer sa vie à en jouir avec sa famille & ses amis.

Lorsqu'on dit qu'on peut se réduire à une ferme, & qu'une ferme peut être un Jardin, parce qu'on y peut réunir l'utile à l'agréable ; il est bien difficile qu'un pareil Jardin puisse convenir à ceux qui, chez nous, seroient en état d'en faire un. Nous ne saurions nous amuser des soins d'une ferme ; c'est une multiplicité d'occupations, qui ne laisse aucun loisir, & ces détails de la vie rurale s'accordent mal avec nos goûts, pour la société, les plaisirs & la dissipation ; on en aime plus la description que la pratique. Croit-on que la plupart de nos Dames, qui se tiennent dans un Sallon, dont les volets sont exactement fermés, quand il fait du soleil, trouveroient des charmes à suivre tout le jour, les travaux d'une ferme, à ordonner les moissons, les vendanges, & à voir soigner leurs bestiaux ? Tout cela leur paroît charmant, en Vers ou dans des Tableaux, & cela ne peut pas être autrement ; elles ne connoissent les habitants de la campagne que sous des formes agréables, & les nôtres ressemblent si peu aux Bergers de l'Astrée, à ceux de Fontenelle, de Boucher & de l'Opéra, qu'ils doivent détruire facilement, chez les Françoises, le goût qu'elles croiroient avoir pour la vie purement champêtre.

Il ne nous faut donc que des Jardins, où la nature se présente sous les formes les plus agréables ; il faut y perpétuer le charme qu'on doit éprouver en y entrant, le renouveller de toutes les manieres, afin de faire naître dans l'ame, le desir de le revoir chaque jour & de le posséder. Le véritable Art est celui de ſavoir y retenir les promeneurs, par la variété des objets, ſans quoi ils iront chercher dans la franche Campagne, ce qui leur manquera dans ce Jardin, l'image de la liberté.

L'agrément d'un Jardin naturel, eſt d'y trouver à chaque pas des Tableaux; & chaque objet doit être diſpoſé de maniere à en produire beaucoup, ſelon les différents effets de lumiere.

Le plan d'un Jardin ordinaire, fait voir tout ce qu'il contient; & quand on l'a vu, on peut ſe paſſer, d'après cela, de parcourir le Jardin; parce qu'on ſait ce que ſont les charmilles taillées, les allées, les boſquets, les baſſins, &c. Il ne reſte donc que les ſtatues à voir, quand il y en a; car on devine aiſément les effets des treillages & ceux des chûtes d'eau, qui ſont régulieres. Mais dans un Jardin naturel, le plan n'eſt qu'un itinéraire, qui ne fait pas prévoir un ſeul tableau: d'ailleurs l'irrégularité ne ſe retient pas, & l'on ne prévoit pas les différents objets qui s'offrent ſucceſſivement, ſur-tout lorſque les arbres ſont parés de toutes leurs feuilles, ſeul temps où l'on doit voir, même tous les Jardins, quand on voudra les juger.

Le plan du Jardin de Monceau indique les places des objets & les pentes du terrein; parce qu'on y voit le courant des eaux.

Planche Ire. Le lieu le plus élevé, eſt celui où l'on a conſtruit le Moulin à vent Hollandois; auſſi le rocher qui eſt au milieu de la piece d'eau la plus proche de ce Moulin, & qui forme une caſcade, eſt le point d'où les eaux ſe diſtribuent, quand elles y ont été amenées par la pompe à feu, qui eſt proche de la ſerre chaude, & par la pompe que le Moulin à vent fait agir.

1°. L'eau ſe diſtribue de pluſieurs manieres: en ſortant du baſſin du rocher, elle forme une fontaine, qui fournit le ruiſſeau qui borde le marais de fleurs, paſſe derriere la Vigne Italienne, & va tomber dans le Cirque, au-deſſous du pont de bois.

2°. Le baſſin du rocher donne de l'eau dans la maiſon du Meûnier, qui eſt une Laiterie toute en marbre; arroſe ſon Jardin, va former la fontaine qui eſt dans le bois des tombeaux, & va ſe perdre ſous le pont de bois dans la riviere, qui ſe décharge dans le baſſin du Cirque, après avoir donné de l'eau dans le grand tombeau.

3°. Le baſſin du rocher fournit l'eau du baſſin de la terraſſe du Moulin à eau, fait aller la caſcade du Château ruiné, & tombe ſur la roue du Moulin qui fait aller une pompe, qui eſt dans ce Moulin.

4°. Le baſſin du rocher forme la riviere qui va du rocher au pont du Moulin, en paſſant dans le grand aqueduc, y forme une chûte d'eau, & vient former pluſieurs caſcades auprès du pont du Moulin à eau; de-là elle paſſe ſous ce pont, forme, en ſe ſéparant, l'Iſle des Moutons, & va auprès de la Tourelle, qui eſt à l'entrée du Jardin, où elle a l'air de ſe perdre ſous une arcade: mais elle revient, ſous terre, tomber dans la riviere, au pont chinois, d'où cette riviere fait une double caſcade auprès de la fontaine de la Nymphe, & va tomber dans le baſſin du Cirque.

6°. Le baſſin du rocher fournit de même la Canardiere, qui eſt au pied de la hauteur du Minarêt.

Les eaux qui ſont au-deſſous du Château ruiné, coulent, en partie, ſous le pont des Saules, paſſent devant le Temple de marbre, côtoient le bois régulier, forment canal autour du jeu de bague, & la piece d'eau du grand pavillon: de-là elles ſuivent le bois & vont paſſer devant la ſalle de Marronniers, forment un ruiſſeau en caſcades le long du bois qui côtoie la rue de Chartres, & vont former une fontaine au-delà du foſſé, qui fournit l'abreuvoir des beſtiaux.

La plus grande partie des eaux étant amenée par leur courant dans le baſſin du Cirque, elles communiquent à la grande pompe à feu, qui eſt auprès, dans le bois irrégulier, d'où elles ſont renvoyées au premier rocher, d'où elles ſortent & ſe diviſent comme on l'a dit ci-deſſus. La grande pompe à feu donne auſſi de l'eau aux baigneuſes du baſſin qui eſt proche le Cirque, & qui ſe dégage en caſcade dans le Cirque.

On voit, par cette diſtribution d'eau, qu'il eſt facile d'arroſer toutes les parties de ce Jardin, & qu'en faiſant mouvoir les pompes à feu, on eſt le maître de mettre toutes ces eaux en mouvement lorſqu'on le veut.

En détaillant les vues, & en ſuivant le plan, le tout s'expliquera plus facilement encore.

VUE

Du Moulin à eau, & du Pont qui y conduit, priſe du point A, *proche le Cadran ſolaire.*

En entrant dans le Jardin de Monceau, on ſe trouve dans une petite prairie, où coule une riviere, formant l'Iſle des Moutons. Cette prairie eſt bordée à droite par un bois, & à gauche par une place, plantée de peupliers d'Italie & de Marronniers, qui eſt devant le pavillon principal. Arrivé au point A, proche du cadran ſolaire, on voit, à gauche, la porte à pont-levis d'un ancien Fort ruiné, qui tient à une ancienne Tour, auſſi ruinée, & à un Bâtiment de briques, quarré & crenelé, dans lequel on a établi un Moulin à eau. Enſuite eſt un pont de briques & de pierres de meulieres, de trois arches, & deſſous la principale arche, les eaux qui viennent de plus loin, y tombent en caſcades. Par-deſſus le pont, à l'horizon, on voit la montagne de Montmartre, qui borne la vue. Entre cette montagne & le pont, on voit deux pavillons qui tiennent au bois des Sycomores & des Ebéniers, enſuite le Moulin à vent Hollandois, la hauteur du Minarêt, le rocher, ſource de toutes les eaux, & les ruines du Temple de Mars. Planche IIe.

VUE

De l'entrée du Jardin, priſe du point B, *dans l'Iſle des Moutons.*

En paſſant dans l'Iſle des Moutons, au point B, on voit l'entrée du Jardin, qui eſt à côté d'un petit Bâtiment gothique, ſervant de laboratoire de Chymie, & tenant à une Tourelle terminée en pointe. Sous une arcade d'un mur crenelé, la riviere va paſſer. A droite eſt la place qui eſt devant le principal pavillon, au milieu de laquelle il y a pluſieurs arbres, autour d'une perche, ſervant à tirer à l'oiſeau. Planche IIIe.

Les figures étrangeres qui ſont dans ces deſſins, ſont celles des perſonnes qui ſervent le Prince, ſous ces différents habillements, quand il dîne ou ſoupe à ſon pavillon, ou qu'il ſe promene dans ſon Jardin.

En ſortant de l'Iſle des Moutons, à droite, il y a une petite Fontaine, formée dans une roche, ſur laquelle il reſte une ruine. Si l'on paſſe devant le pont du Moulin pour entrer par la porte à pont-levis, & que l'on monte au-deſſus du Moulin, en ſe tournant à droite & à gauche, on pourra prendre une idée d'une partie de ce Jardin.

En deſcendant, prenant à droite, paſſant le pont des Saules, & prenant encore à droite, on trouvera un chemin creux, bordé de vignes de Judée, fait pour paſſer à l'ombre quand il fait trop de ſoleil. On paſſera ſous un aqueduc & l'on ſe trouvera, en tournant à gauche, au point C.

VUE

Du Château ruiné, avec ſa Caſcade, & du pont qui y conduit, priſe du point C, *proche du Temple de Mars.*

On voit, par-deſſus le pont, la Tourelle de l'entrée, le haut du principal pavillon, le Château gothique ruiné, l'eau qui tombe ſur ſes ruines, les fondements d'une groſſe tour, le pont des Saules & une partie du Temple de marbre blanc. Planche IVe.

Sur le devant eſt la riviere venant du grand rocher, diviſée par l'Iſle des Fleurs, d'où elle paſſe d'un côté & de l'autre, en tombant en caſcades ſous le grand pont; & à droite elle s'étend, va couler au pied du Château gothique, paſſe ſous le pont des Saules, & continue ſon cours devant le Temple de marbre, pour aller côtoyer le bois régulier.

En paſſant dans les ruines du Temple de Mars, en tournant à droite, ſuivant le chemin, on arrive au point D.

VUE

De la Ferme, priſe du point D, près du Cabaret.

Planche Vᵉ. On voit les Bâtiments de la gauche, dont on n'apperçoit que le haut du logement du Jardinier & des étables à vaches; & celles qu'on voit en avant, ſont celles des chevres & des moutons. Dans le fond eſt le pigeonnier, derriere lequel ſe trouvent les ſerres chaudes, la pompe à feu & la figuerie; & en avant, le bois où ſe trouve la petite fontaine des roches, dont on a parlé à la Planche III.

En ſe retournant, on pourra prendre à droite, côtoyant le chemin de Monceau, & l'on arrivera près du point E.

VUE

Des ruines du Temple de Mars, priſe du point E, près du chemin de Monceau.

Planche VIᵉ. On voit les ruines du Temple de Mars, dont les colonnes ſont de l'ordre corinthien. Ce Temple paroît avoir été quarré, & avoir eu un périſtile, dont on retrouve deux parties. Au milieu étoit une ſtatue de Mars qui étoit trop mutilée; on y a ſubſtitué celle de Perſée, qui eſt antique. Le Temple n'en a pas moins gardé le nom de Temple de Mars.

Dans le fond, à gauche, on apperçoit une partie des mêmes choſes que dans la Planche IV, & de l'autre côté eſt l'Iſle des Roches, & dans le fond on voit la Tente Tartare & les deux pavillons, adoſſés au bois des Sycomores & des Ebéniers.

CHAPITRE II.

VUE

De l'Iſle des Roches & du Moulin à vent Hollandois, priſe du point F.

Planche VIIᵉ. DU point F, on voit, à la gauche, le petit pont ruſtique, par où l'on entre dans la petite Iſle des Roches, pour paſſer dans la prairie où eſt le bois des Sycomores & des Ebéniers, ainſi que les trois Jardins, roſe, jaune & bleu, avec les deux Pavillons François. A droite, ſur la hauteur, eſt le Moulin à vent Hollandois, qui fait aller une pompe, qui fournit en partie la caſcade qui eſt à côté du moulin, & derriere le moulin eſt la maiſon du Meûnier, formant une Laiterie décorée intérieurement en marbre, & en-dehors très-ruſtiquement. Au-deſſus de la roche, de la ſource, on apperçoit, dans le lointain, le Minarêt.

VUE

De la hauteur du Minarêt, priſe du point G.

Planche VIIIᵉ. En ſortant de la Laiterie, en remontant la hauteur du Moulin à vent, & tournant le baſſin des roches, on arrivera au point G, d'où l'on verra la hauteur du Minarêt, plantée de vignes, parmi les roches qui la forment, & à droite une partie du boſquet des marronniers. En tournant à gauche, on paſſera devant une petite fontaine, qui eſt la ſource du petit ruiſſeau, qui coule autour du marais de fleurs. Le long de ce ruiſſeau eſt une allée de marſeaux, qui en ſuit exactement les contours; en ſuivant cette allée, on arrive au pont de la glaciere; & en tournant à droite, on trouve un Antre formé par des roches, qui ſoutiennent la hauteur du Minarêt. Si l'on monte au Minarêt, & que l'on parcoure des yeux l'horizon, on voit, en commençant par Montmartre, à droite, les hauteurs de Belleville,

tous

tous les monuments de Paris, finiſſant à l'Obſervatoire. Enſuite Vanvres, Iſſy, Meudon, Bellevue, Sève, Saint-Cloud, le Mont-Valérien, les hauteurs de Marly, Saint-Germain, les hauteurs de Sanois, celles de Saint-Prix, Montmorency, & au-deſſous le Château de Montmorency, Ecouen, & au bord de la riviere, Epinay, enſuite Saint-Denis, & puis l'on retrouve Montmartre.

VUE

De la Vigne Italienne, priſe du point H.

En deſcendant du Minarêt, du côté où l'on aura monté, paſſant le pont de la glaciere & ſuivant le chemin qui côtoie le marais de fleurs, on arrive au point H, d'où l'on voit la Vigne Italienne. Planche IXe.

Cette vigne monte le long des poteaux repréſentant des ceps de vigne, plantés en quinconce & ſoutenant un treillage, ſur lequel s'étend la vigne à la hauteur de ſept pieds, pour qu'on puiſſe en cueillir les raiſins. Ce treillage a toujours une ouverture de trois pieds en quarré entre les ceps, afin que le ſoleil puiſſe donner ſur le pied de la vigne. Au milieu de cette vigne, eſt une ſtatue antique de Bacchus.

En reprenant le même chemin, paſſant le pont de la glaciere, & tournant à gauche, on entre dans un bois, où il y a trois routes irrégulieres, dont deux menent à un point de repos, où il y a une ſtatue de Mercure, antique. En ſuivant le chemin, on arrive auprès de deux monuments ruinés, dans l'un deſquels eſt la grande pompe à feu & une petite chambre décorée à la Chinoiſe. En ſuivant encore cette route, on ſe trouve dans une petite place ; il y a un baſſin entouré de trois marches, où l'on voit une figure de femme de marbre blanc, qui ſe baigne, & une Négreſſe de bronze, qui lui répand de l'eau ſur le corps. Ces deux figures ſont de M. Houdon. En tournant par-derriere, on deſcend dans un tapis verd, bordé de bancs de gazons, dont les doſſiers ſont ſurmontés de lilas ; en revenant ſur ſes pas, à travers des ruines, on voit la Naumachie ; au milieu eſt un obéliſque de Granit, ſur lequel ſont tous les caracteres égyptiens de celui d'Héliopolis. En tournant à gauche, ſous un périſtile de colonnes corinthiennes ; & en ſuivant le bois, on paſſera un pont, d'où ſuivant le chemin, on arrivera au point I.

VUE

Du Pont de bois, priſe du point I.

On voit le pont de bois, établi ſur des rochers, qui élevent le terrein & forment une chauſſée. A gauche, près du pont, eſt une colonne miliaire ; par-deſſus la chauſſée, on voit le périſtile, qui forme le Cirque ou la Naumachie ; derriere les colonnes il y a trois gradins de fleurs. En prenant le même chemin juſqu'à la chauſſée, & tournant à gauche, paſſant le pont de bois, près de la colonne miliaire, on ſe trouve au point K. Planche X^e^.

VUE

Du Cirque ou de la Naumachie, priſe du point K.

On voit tout le Cirque, au milieu duquel eſt l'obéliſque. A gauche, la riviere qui remplit le baſſin. A droite, par-deſſus le bois irrégulier, on apperçoit le haut des ruines où eſt la grande machine à feu & un clocher fait exprès pour ſervir de point de vue au-deſſus du bois. A gauche du pont de bois, eſt une colonne miliaire. Planche XIe.

En ſe retournant & ſuivant la chauſſée, on trouvera, à gauche, un chemin qui traverſe le bois des tombeaux. Avant de paſſer un petit ruiſſeau, à gauche, on arrivera au point L.

VUE

Du bois des Tombeaux, prise du point L.

Planche XIIe. Ce bois est formé de Peupliers d'Italie, de Sycomores, de Cyprès, de Platanes & de Tuyas de la Chine. Le principal tombeau pyramidal est égyptien. Le dedans est décoré de huit colonnes de granit enterrées d'un tiers, avec leurs chapiteaux ornés de têtes égyptiennes, soutenant un entablement de marbre blanc, de granit & de bronze. La voûte est ornée de rosasses de bronze. A droite & à gauche il y a deux tombeaux de marbre noir antique ; dans la face, vis-à-vis de la porte, il y a une niche dans laquelle est une cuvette de marbre verd antique; dans cette cuvette est une figure de femme assise sur ses talons, qui se presse les mamelles, d'où il sort de l'eau qui tombe dans la cuvette. Cette figure est égyptienne, du plus beau noir, & sa coëffure consiste en un bandeau & des bandelettes d'argent. Dans les angles il y a quatre niches, dans lesquelles sont des cassolettes de bronze. L'entrée est fermée par une grille & les jambages de la porte sont deux cariatides égyptiennes, portant un marbre verd antique, servant de linteau.

A gauche de ce tombeau est une urne de bronze sur un piédestal de marbre, entouré de quatre marches. A droite on voit une fontaine ruinée, auprès de laquelle est un mûrier. Ce bois pourroit représenter la décoration de Pirame & Thisbé, y ayant encore un tombeau sur lequel est un obélisque ruiné ; & de l'autre côté, celui d'une jeune fille, en pierre de touche, laquelle est aussi mutilée. Dans ce bois passe un petit ruisseau qui va se perdre dans le grand bassin du Cirque.

CHAPITRE III.

VUE

Des deux Pavillons François, prise du point M.

LORSQU'ON a vu le bois des tombeaux, si l'on reprend le chemin qui passe devant le Jardin bleu, & qui va gagner le grand chemin, qui passe devant le Jardin rose, on se trouvera aisément au point M.

Planche XIIIe. Les deux pavillons François sont peints en marbre, avec des pilastres dont les moulures forment des graines, qui sont rehaussées d'or, ainsi que les ornements intérieurs & ceux de la couverture. Ces pavillons tiennent au bois des Sycomores & des Ebéniers : au milieu de ce bois, est le bosquet du Platane, parce qu'il y a, au milieu de ce bosquet, un Platane entouré de gradins de fleurs. Trois vases de marbre décorent ce bosquet; autour du bois, du côté des tombeaux, entre le Jardin bleu & le Jardin jaune, est une statue de Méléagre, antique. Du côté du moulin à vent, entre le Jardin jaune & le Jardin rose, est une statue antique de l'Hymen, & entre le Jardin rose & le Jardin bleu, est une statue de l'Amitié, de M. Pigale; c'est celle qu'on apperçoit dans cette vue. En se retournant, on pourra passer au travers de la tente tartare, ensuite descendre sur le bord de la riviere, passer un petit pont tournant, suivre le chemin creux quelques pas; & lorsqu'on en sortira, on se trouvera dans une prairie au point N.

VUE

De la Tente Tartare, prise du point N.

Planche XIVe. Cette tente est ronde, à jour par le haut, à la maniere des Tartares qui font du feu dans le milieu de leurs tentes : celle-ci est environnée de Peupliers d'Italie, de Sycomores & de Sureaux. Sur la gauche on apperçoit la fontaine de la Nymphe, & dans le lointain le haut des deux pavillons françois.

La haie qui eſt ſur le devant, & qui tient toute la longueur du tableau, eſt de la vigne de Judée, qui couvre une partie du chemin creux, dans lequel on peut aller à l'ombre, depuis le pont chinois juſqu'au baſſin du Cirque, &, par ce moyen, arriver au bois irrégulier à couvert. En rentrant dans ce chemin & le ſuivant, du côté du midi, on ſe trouvera au pont chinois, que l'on paſſera; laiſſant le bois irrégulier à droite, l'on ſe trouvera devant le Temple de marbre blanc, au point O.

V U E

Du Temple de marbre blanc, priſe du point O.

Ce Temple, quoiqu'il ſoit entier, eſt environné d'arbres, ce qui en rend l'effet plus piquant, au travers de la verdure. Le bord du bois eſt entouré d'arbuſtes de fleurs qui bordent un petit ruiſſeau qu'il faut traverſer pour entrer dans le Temple. Cette petite rotonde eſt entiérement à jour par le haut, & entre les douze colonnes corinthiennes qui le forment, on trouve des bancs de marbre. On a mis ſur l'autel, qui eſt au milieu, une petite figure antique, repréſentant une des compagnes d'Achille, lorſqu'il étoit chez Licomede. Cette figure tient un des préſents envoyés par Ulyſſe & parmi leſquels Achille préfere un caſque & une épée, pendant que ſes compagnes choiſiſſent des ornements pour ſe parer. Planche XV°.

En revenant ſur ſes pas, on paſſera le pont chinois, & tournant à gauche, on ſe trouvera dans une prairie où il y a des grouppes de Sycomores & de Platanes. Cette prairie, à gauche, eſt bordée par un ruiſſeau qui ſuit le bois régulier, dans lequel il n'y a que des boſquets, dans le goût de ceux des Jardins ordinaires. Auprès du principal pavillon, entre deux galeries, on pourra voir une voliere aſſez grande, mais d'un genre dont il ſeroit difficile de montrer l'effet dans une vue. En parcourant la prairie, on trouve le boſquet d'Aliziers à droite; en ſuite eſt un très-petit bouquet de bois & d'arbuſtes, où eſt placé un petit Amour de porcelaine : aux environs eſt le point P, d'où l'on voit la bague & le principal pavillon.

V U E

Du principal Pavillon du Jeu de Bague, &c. priſe du point P.

Ce pavillon avoit été fait pour être extraordinaire. Lorſqu'on a donné une nouvelle forme au Jardin, on a été obligé d'y faire des changements (1). Pour le rendre plus agréable, on a détruit deux frontons qui, vus de côté, faiſoient un mauvais effet; on auroit voulu pouvoir rendre une friſe à l'entablement. On a peint la couverture en pierre, avec des guirlandes de bronze, & l'on a ajouté des pilaſtres autour du bâtiment, avec des boſſages de marbre jaune de Sienne & des tables de marbre de Languedoc. Les chapiteaux, les baſes, les ornements & les moulures ſont en bronze antique. Pour étendre ce pavillon, on a ajouté quatre galeries de ſept croiſées de face, terminées par une baluſtrade antique & ornées de tables de breche violette. En avant du bâtiment eſt un baſſin, qui s'étend circulairement autour d'un jeu de bague, & la renferme dans une Iſle. Le jeu de bague eſt un paraſol chinois, ſoutenu par trois Chinois pagodes, qui tiennent auſſi une barre horizontale, ſur laquelle s'appuient ceux qui font tourner la bague, & qui n'ont d'autre mouvement à faire, que celui de marcher ſur le plancher qui eſt ſous leurs pieds. Des bords de ce plancher partent quatre branches de fer, dont deux ſoutiennent des dragons ſur leſquels on monte à cheval. Sur les deux autres branches ſont couchés des Chinois, ſoutenant d'un bras un couſſin ſur lequel on s'aſſied, & tenant dans la main un paraſol garni de grelots; de l'autre main ils tiennent un couſſin ſur lequel on poſe les pieds. Les femmes ſont aſſiſes ſur ces deux branches. Planche XVI°.

Le bord du grand paraſol eſt garni d'œufs d'autruche & de ſonnettes. Les quatre lanternes, que l'on voit, renferment les bagues qui ne ſe préſentent à ceux qui les courent, qu'au bout des glands qui ſont ſous les lanternes.

---

(1) On ignore qui en avoit donné le deſſin.

Les ponts chinois sur lesquels on passe, pour entrer dans l'Isle, se replient & font balustrades devant les bancs en Ottomanes. Ces bancs sont de pierres & imitent des carreaux de Perse. Au-dessus de ces Ottomanes, sont des draperies soutenues avec des bâtons. Ces draperies sont rayées de violet, d'aurore & de blanc. C'est où se tient la compagnie pour voir courir la bague : à droite & à gauche de ces Ottomanes, il y a des vases de bronze rouge, dont les guirlandes & tous les ornements sont dorés. En sortant de l'Ottomane, que l'on voit à gauche, & suivant le bassin, en gagnant du côté du pavillon principal, on arrivera au point Q, à l'entrée des deux bosquets.

V U E

Des Tentes Turques, prise du point Q.

Planc. XVII°. La partie de la galerie que l'on voit à gauche, a été faite pour communiquer à la salle de billard, & elle a occasionné les quatre galeries ; mais le billard qui est au bout faisoit un mauvais effet, & l'on a imaginé de le décorer en tente turque, en y ajoutant la tente ronde qui est en avant. Ces tentes sont rayées, la premiere de rouge & de blanc, la seconde de bleu & de blanc ; ces raies sont damassées & les ornements sont dorés. Ces tentes sont dans un bosquet bordé de fleurs, qui s'étend jusqu'à une des Ottomanes que l'on voit de côté, ainsi que le pont qui communique à l'Isle de la Bague.

En passant devant cette Ottomane, on rentre dans la suite de la prairie qu'on a parcourue en arrivant près de la bague, & l'on arrive au point R.

V U E

De la Salle des Marronniers, prise du point R.

Planc. XVIII°. Cette salle est adossée au bois qui regne le long de la rue de Chartres ; elle est décorée en-dehors par une balustrade antique, sur laquelle sont des tapis bleu & or. On monte trois marches pour entrer dans cette salle. Au fond est une niche, au milieu de deux colonnes qui soutiennent un entablement. Cette architecture est dans les proportions de l'ordre dorique, quoique sans trigliphes, & les colonnes ont des bossages. Au milieu de cette salle, est une corbeille de fleurs, & sur un piédestal, dans la niche, on voit une statue copiée par Bouchardon, en marbre blanc, d'après le Faune antique de la Vigne Borghese. Autour de la salle il y a un banc & un dossier de gazon, & sur ce dossier, des fleurs qui le couronnent. De cette salle on regne sur toute la campagne des environs ; sans se douter, on finit le Jardin.

F I N.

Lu & approuvé, le 28 Mars 1779. De Sauvigny.

Vu l'Approbation, permis d'imprimer, L E N O I R.

De l'Imprimerie de L. J O R R Y, rue de la Huchette.

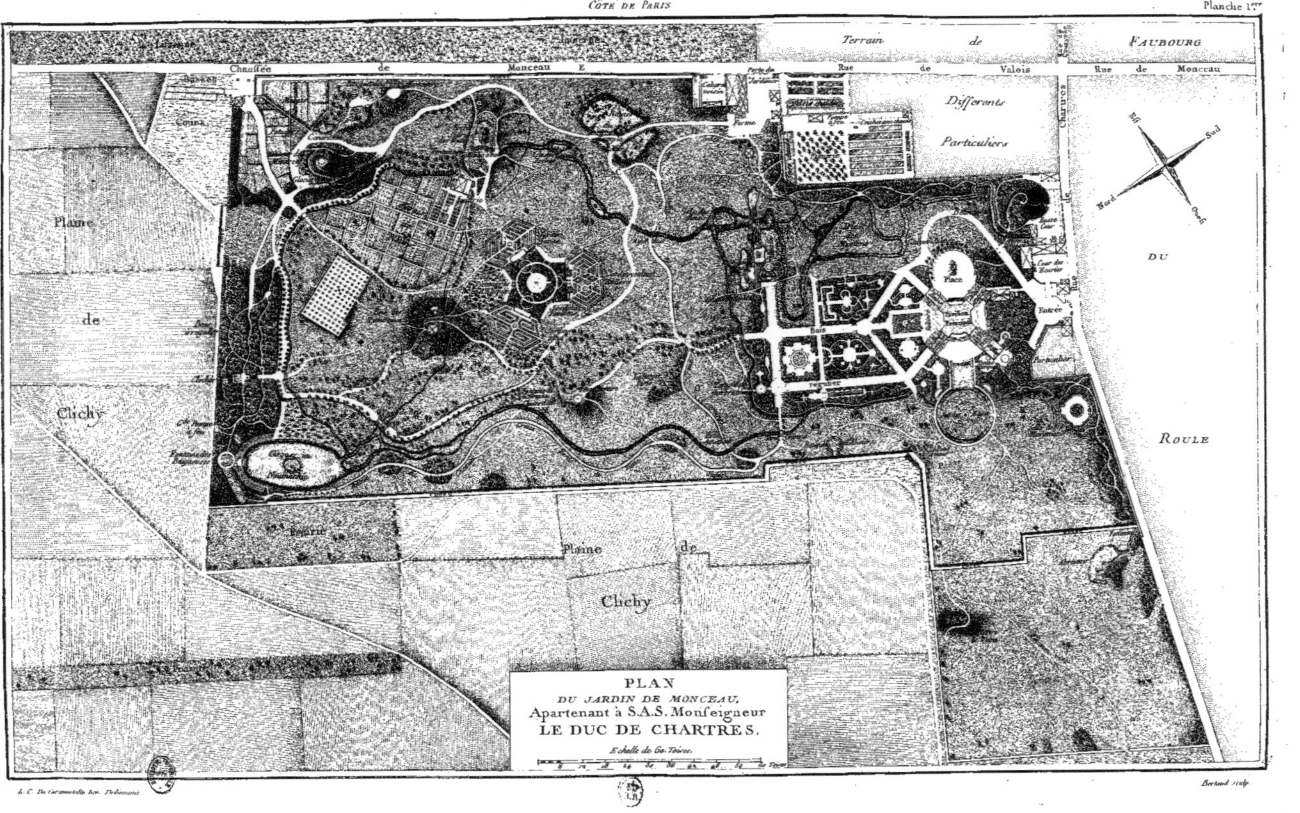
Côté de Paris
Planche 1re
Terrain
de
Faubourg
Chaussée
de
Monceau
Rue
de
Valois
Rue
de
Monceau
Differents
Particuliers
Chartres
Est
Sud
Nord
Ouest
Du
Roule
Plaine
de
Clichy
Plaine
de
Clichy
Côté de Mont-Martre
PLAN
DU JARDIN DE MONCEAU,
Apartenant à S.A.S. Monseigneur
LE DUC DE CHARTRES.
Echelle de 60 Toises.
Bertaud sculp.

Planche . II.

L. C. de Carmontelle inv. del. — J. Couché Sculp.

VÜE

Du Moulin a eau, et du Pont qui y Conduit,

Prise du Point A. proche le Cadran Solaire.

Planche III.

L. C. de Carmontelle Inv. del. J. le Roy Sculp.

VÜE
De l'Entrée du Jardin et du Principal Pavillon.
Prise du point B. dans l'Isle des Moutons.

Planche II.

L. C. de Carmontelle inv. et del.

T. Deni Sculp.

VÜE

du Château ruiné, avec sa Cascade et du Pont qui y conduit,

Prise du point C. proche le Temple de Mars.

L. C. de Carmontelle, Inv. del.

O. Michel, Sculp.

VÜE
de la Ferme,
Prise du point D. auprès du Cabaret.

Planche VI.

L.C. de Carmontelle inv. del.

l'Epine Sculp.

VÜE
Des Ruines du Temple de Mars.
Prise du point E. près du Chemin de Monceaux.

Planche. VII.

C. De Carmontelle Inv. del. — Michaud Sculp.

VÜE

De l'Isle des Roches et du Moulin hollandois,

Prise du Point F.

Planche. VIII.

L. C. De Carmontelle Inv. del.

Coutelle Sculp.

VÜE

de la hauteur du Minarêt,

Prise du Point G.

L. C. De Carmontelle inv. del.

Michaud Sculp.

VÜE
de la Vigne Italienne,
Prise du Point H.

Planche. X.

L. C. De Carmontelle Inv. del. Coldam Sculp.

VÜE

du Pont de Bois,

Prise du Point I.

L. C. De Carmontelle Inv. del. — Lepeau Sculp.

VUE
du Cirque ou de la Naumachie,
Prise du Point K.

Planche . XII .

L. C. De Carmontelle Inv. del.

L. Lesueur Sculp.

VÜE
du Bois des Tombeaux,
Prise du Point L.

Planche . XIII .

J. C. De Carmontelle inv. del.

Mathault Sculp.

VÜE
Des deux Pavillons François,
Prise du Point M.

Planche XIV.

L. C. De Carmontelle, Inv. del.

Legrand Sculp.

VÜE
De la Tente Tartare,
Prise du Point N.

L. C. de Carmontelle inv. del.

J. le Roy Sculp.

VUE
Du Temple de Marbre blanc,
Prise du point O.

Planche . XVI.

L. C. De Carmontelle Inv. del.

Michonet Sculp.

VÜE
du principal Pavillon et du jeu de Bague,
Prise du Point P.

Planche. N.° 17.

L. C. De Carmontelle Inv. Sculp. | Michault Sculp.

VÜE
des Tentes Turques,
Prise du Point. Q.

Planche. XVIII.

C. De Carmontelle del. Terminé au burin par Colibert

VÜE
De la Salle des Marroniers,
Prise du Point R.

www.ingramcontent.com/pod-product-compliance
Ingram Content Group UK Ltd.
Pitfield, Milton Keynes, MK11 3LW, UK
UKHW012111240726
13965UKWH00004B/1691